U0835449

武术散打摔法精粹

孔令良 编著

北京体育大学出版社

策划编辑：曾　莉
责任编辑：王泓滢
责任校对：吴海燕
版式设计：张程凯

图书在版编目（CIP）数据

武术散打摔法精粹 / 孔令良编著. -- 北京 : 北京体育大学出版社, 2023.10
ISBN 978-7-5644-3873-9

Ⅰ. ①武… Ⅱ. ①孔… Ⅲ. ①散打(武术)—介绍—中国 Ⅳ. ①G852.4

中国国家版本馆CIP数据核字(2023)第159731号

武术散打摔法精粹
WUSHU SANDA SHUAIFA JINGCUI
孔令良　编著

出版发行：北京体育大学出版社
址　　址：北京市海淀区农大南路1号院2号楼2层办公B-212
邮　　编：100084
网　　址：http: //cbs.bsu.edu.cn
发 行 部：010-62989320
邮 购 部：北京体育大学出版社读者服务部 010-62989432
印　　刷：三河市龙大印装有限公司
开　　本：710mm × 1000mm　1/16
成品尺寸：170mm × 240mm
印　　张：6
字　　数：100千字
版　　次：2023年10月第1版
印　　次：2023年10月第1次印刷
定　　价：45.00元

前言

武术散打是指双方按照相关规则，运用踢、打、摔等攻防技法，进行徒手格斗以制服对方的现代竞技体育项目，其中的摔法是武术散打运动中具有独特风格的攻防格斗技术。摔法的特点是避实就虚，顺势借力，以巧制胜。

与世界其他搏击术的技法相比，娴熟运用武术散打的摔法是比赛中的一个制胜手段。通过观看中国拳手与泰国等国外拳手的比赛可知，当因对手强攻而处于被动局面时，有的中国拳手会以摔法予以反击，并连连将对手摔倒在地，最终击败对方。大量格斗战例表明，成功运用一些摔法，会起到举足轻重的作用，有时甚至能决定一场格斗的胜负。

在格斗中，想要成功摔倒对方，还需要拳脚的配合。在实施摔法之前，可先用拳法攻击对方的头部，接着忽然近身将对方摔倒在地。实施摔法之前的拳法攻击，可令对方重心移到后腿上或者失去平衡，或让其产生错觉，迫使其暴露出防御上的空隙和破绽，为我方实施摔法创造良机。在武术散打中，很多摔法都需要腿法参与。当抓住对方一条腿时，我方可采用各种各样的腿法攻击并将其踢倒。因此，掌握各种拳法、腿法，对提高武术散打技术、快速打败对手起着重要的作用。

由于武术散打摔法实用、速成，一些格斗术爱好者对这种技法非常向往，他们渴望练就一摔制胜的能力。为了使读者在短时间内掌握武术散打摔法，笔者决定写一本关于武术散打摔法的书，将最纯正的武术散打摔法介绍给读者。笔者自幼习武，常年研习技击与摔跤术，又阅读了国内外众多相关著述，在编写时参考了大量相关图书与刊物，力求逻辑严密。笔者对大量的徒手格斗方法进行了分析、试验和筛选，摒弃了一些方法过于复杂，实用性不强，不适用于实战的格斗技法，并在确定技法易学且行之有效后，才将其编入本书。基于此，本书没有烦琐的理论介绍，也不教人做高难度的专业训练。它以大量的篇幅介绍了各种情况下摔倒对手的方法。它的宗旨与原则就是提供一种能在短时间内掌握的摔跤方法。

本书共分三章。第一章介绍了武术散打运动的产生与发展，武术散打摔法的概念、技术要求与技术特点；第二章介绍了武术散打的基本拳法与基本腿法；第三章介绍了接各种腿攻的摔法，以及下潜摔、贴身摔等常用的摔法。本书介绍的招数是从各种徒手格斗方法中提炼出来的精华部分，高效速成，易学易用。

希望本书能帮助读者在实战场合大放异彩，快速摔倒对手，赢得格斗的胜利。

孔令良

2023年1月

目 录

第一章　武术散打摔法概述

第一节　武术散打运动的产生与发展

一、武术散打运动的产生

武术散打简称散打，是指双方按照相关规则，运用踢、打、摔等攻防技法，进行徒手格斗以制服对方的现代竞技体育项目。徒手格斗术在不同的历史时期有着不同的称呼，包括角力、相搏、手搏、角抵、白打、对拆、技击等。

据历史文献记载，在商周时期就已经有了以比赛形式出现的运动，并通过“执技论力”“裸股肱”来决胜负。

公元前11世纪，周朝初年，徒手格斗作为军事训练的科目呈现。据《礼记・月令》中记实：“孟冬之月，……天子乃命将帅讲武，习射御、角力。”由于当时武器装备差，射箭、驾车、角力都是练兵的主要内容。在西周，人们把徒手格斗称为“角力”，这是一项很重要的军事训练科目。每年冬天，周朝的天子都要将将帅们召集起来，让他们训练射箭和角力，并检查训练效果。

到了春秋战国时期，社会生产力有了很大提高，经济有了很大发展，战争频繁，并以步战为主要作战方式。在这种社会背景下，徒手格斗技术，如“相搏”“拳勇”“技击”等得到蓬勃发展。在搏击攻防技术中，除拳法、腿法外，擒摔法也有了一定发展。《公羊传》中记载，宋闵公手下有一员大将，叫南宫长万，此人是当时闻名于世的角斗士。宋闵公揭露南宫长万曾被鲁师所俘，致使“万怒，搏闵公，绝其脰”。结果，宋闵公被南宫长万摔死。相传赵国的君主有个贴身侍卫叫少室周，此人精通格斗术。他听说有个叫牛谈的人角力技巧精湛，便找牛谈比武，不料在比武中被牛谈摔倒在地。少室周自知技不如人，便向赵国君主辞去了贴身侍卫之职，让牛谈替代。由于格斗术也是一种比赛，格斗的双方不仅要比力量、比技术，还要斗智斗谋才能战胜对手。《荀子·议兵篇》记录："若手臂之扞头目而覆胸腹也，诈而袭之，与先惊而后击之，一也。"从中可以看出，当时的格斗已采用"惊上取下、佯攻巧打"的技战术打法。

秦始皇统一六国后，便禁止老百姓私藏武器，习武之风也不再盛行了。角力改为"角抵"，逐渐形成一种专门供宫廷欣赏的表演形式，叫作"角抵戏"。角抵不仅具有习武健身、寓德于武的意义，而且有丰富的娱乐性，是当时重要的文体活动。秦二世胡亥就很爱观赏角抵，当他在甘泉宫中津津有味地观看角抵戏的时候，什么人都不想见，就是丞相李斯有重要的事情来禀报也要吃闭门羹（《史记·李斯列传》）。

西汉也是中国的一个黄金时代，文学、史学、艺术和科技等领域的成就辉煌灿烂。随着丝绸之路的开通，对外交往日益频繁，国力越来越强盛，统治阶级对文化娱乐的需求更加强烈，于是角抵戏的内容不断扩充，最后发展为一种红火热闹的将角力、歌舞、杂技、魔术等各种娱乐形式融为一体的大型综艺表演，这些活动统称为百戏。角力虽然只是其中的一项表演，但最受人欢迎。汉代的许多皇帝都非常喜爱角抵戏，特别是汉哀帝，他对其他文娱活动都不感兴趣，唯独喜欢看角力比赛（《汉书·哀帝纪》）。当时，一些达官显贵也精通格斗术，如汉武帝的重臣金日（mì）磾（dī）就是格斗高手，当他发觉莽何罗谋反时，就施技将莽何罗摔在殿下（《汉书·霍光金日磾传》）。

秦汉时期民间格斗活动盛行，当时徒手格斗被称作"手搏"。据历史资料记载，当时的手搏比赛很正规，比赛由"裁判员"主持。这一时期出现了许多总结格斗经验的理论著作，如《手搏六篇》等。

手搏是一种格斗技术，练习者需要与各种类型的手搏好手进行比试、较艺，以便让自己的水平不断提高、经验不断丰富。中国古代手搏高手这种切磋交流的机会是很多的，如与格斗技术比较发达的西域的交流情况就被很多史书记载，将莽何罗摔在殿下的金日磾就来自匈奴。当然，在当时的历史环境下，这种比武切磋常常成为你死我活的搏杀，格斗选手致残甚至当场丧命的情况时有发生。例如，晋武帝司马炎在位时期，从西域来了一个精通角力的胡人，他屡战屡胜，后来晋人竟无人敢应战。晋武帝为了挣回面子，到处招募高手，最后征召到孔武有力的庾东。庾东与这个胡人进行了激烈拼搏，最终将其摔死（《晋书·庾阐传》）。

由于角力运动惊险刺激，有很强的娱乐性，有些达官显贵在酒宴庆典上就会组织角力表演。从南北朝开始，在宫廷卫队中就逐渐出现了“角抵队”，他们专门训练和表演角抵（《隋书·礼仪志》）。到了唐朝，这种专业的角力手有了更加正规的组织，即“相扑朋”，这个专门为宫廷进行表演的组织中高手云集，其中，有一个名叫蒙万赢的角力手，他灵敏威猛，十四五岁便被选入相扑朋，长大后，多次与人交手，战无不胜，所向无敌，被人们称为“万赢”（《角力记·考古》）。

唐代称徒手格斗为角觝。当时，角觝也是军队的训练科目，军中涌现出一些角觝高手。角觝活动在民间也得到了迅速发展，而且出现了职业教习角觝的人，上面介绍的宫廷相扑朋中的角觝高手蒙万赢成名后，经常被请去传授角觝术，跟他学艺的先后达数百人（《角力记·考古》）。唐代的皇帝，如穆宗、敬宗、文宗、僖宗都爱观赏角觝。唐代的角觝比赛往往在各种节目都进行完毕之后压轴登场，将整个表演推向高潮。当双方交手时，场外观众就呐喊助威；在一方将另一方打倒在地之后，场外观众则欢呼雀跃。分出胜负之后，观众欢呼，急鼓三通。这阵势确实震撼人心。

宋代尚武的社会风气促进了角抵运动的发展，角抵运动在民间更加普及，宋代的民众非常喜爱看角抵，并且宋代已经有了全国性的角抵比赛。当时，民间每年都要举办“露台争交”赛，还制定了比赛规则：比赛分为三个回合，比赛时不允许“揪住短儿”“拽起侉儿”，可以“拽直拳、使横拳、使脚剪”。专为宫廷进行表演的职业角抵手越来越多。这些人在宋代叫作“内等子”，由120名角抵高手组成，是从军队里精选出来的武功高手，由“御前忠佐军头引见司”管理，他们按照武功的高低领取不同薪饷。“内等子”既能娱乐皇帝和王公贵族，又是皇帝的贴身护卫（《梦粱录》卷二十）。随着时代的发展、民众对文化娱乐需求的不断增长，民间也出现了大量的角抵艺人。有些民间的角抵艺人还成立了自己的组织，如“角抵社”。“角抵社”为角抵爱好者提供了切磋技艺的场所，为角抵的交流、传授、发展创造了有利的条件。由于角抵在社会上产生了很大的影响，民间也出现了一些角抵理论研究者，他们系统地总结了角抵经验，使角抵理论有了新的发展。这一时期出现了一部回顾角抵形成与发展的著作—调露子的《角力记》，这本距今已有2000多年的角力著作也是我国最早的体育历史专著。

明朝的格斗术呈现出承上启下的特点，这也是我国民间格斗术全面成熟的时期。此时的徒手格斗术多称为“白打”或“搏击”，被纳入当时的“十八般武艺”。当时民间的“打擂比武”之风异常盛行。为防止意外纠纷，比武者须先签“生死状”，然后再开打。比武由“布署”主持，并规定先被打下台者为输方。

清朝初期，统治者一度禁止民间练武，但伴随着农民运动的迅速发展及秘密结社组织的兴起，民间出现了许多“社”“馆”等武术组织。各馆之间经常进行比武活动，促进了格斗术的发展。

清军入关后在军中大力提倡格斗术，一是将徒手格斗术作为军队的训练科目，二是将徒手格斗术作为一种娱乐活动。八旗军中经常举行徒手格斗术比赛，因此，八旗军中格斗高手云集。朝廷又从八旗子弟中挑选了一些格斗好手成立了善扑营。每逢国宴庆典招待宾客，朝廷就会组织格斗比赛来助兴。善扑营的高手既能为皇帝表演，又作为皇帝的贴身侍从，保卫皇帝的安全，所以深得皇帝的信赖和喜爱。

民国时期，由于军阀割据，战争频繁，政局动荡，格斗术的发展受到了影响，但也取得了一定成绩。1928年，中央国术馆体育传习所（以下简称中央国术馆）举行了国考，散手被设为正式项目。散手比赛采用双淘汰制，每组比赛三局两胜；在长方形的场地上进行，不按体重分级别，现场抽签分组；比赛时，选手不佩戴任何护具，不允许攻击对方的眼部、喉部、裆部，凡用手、脚、膝部击中对手有效部位则得1点。1929年，浙江省国术馆承办“国术游艺大会”，参加散手比赛的有125人。散手比赛场地是长33.3米、宽16.6米、高2米的水泥擂台。擂台赛不按体重分级别，把被打倒者或认输者判为失败方。1933年，在南京举行的民国第五届全国运动大会中，散手按性别分组，根据体重分为轻量级、中量级、重量级。比赛时，选手佩戴护具，不允许击打对方的头部和裆部，把对手击倒为胜一次，三局两胜制，无时间限制。同年，中央国术馆在南京举行了第二届“国术国考”，其中增设了女子散打比赛，比赛要求“点到为止”，不允许攻击对方的眼睛、喉部和裆部。这些比赛规则的制定与实施，标志着散打运动的基本雏形已经建立。

中华人民共和国成立后，国内又掀起了阵阵武术热潮。1979年，中华人民共和国体育运动委员会（以下简称国家体委）决定开展武术散打训练和比赛等方面的研究工作。国家体委首先在浙江省体委、北京体育学院和武汉体育学院进行了武术实战的试点训练，并在上述3个试点各配备了80厘米高、表面为边长8米的正方形擂台，让参加研究工作的运动员在上面进行实战演练。经过反复研究，他们制定了武术散打竞赛规则：可以使用踢、打、摔等各种技法，但不能运用反关节技术和肘膝撞击技术，也不能攻击眼、裆、喉、后脑等人体薄弱部位。基于此，一种全新的竞技运动产生了。

二、武术散打运动的发展

自1979年散打运动诞生后，我国格外重视培养散打人才。1979年，上海体育学院开始招收武术理论与方法专业硕士研究生。1982年，此校率先成为武术专业硕士学位授予单位，为正式推广发展散打运动提供人才保障。由于当时无具体的竞赛规则，我国就通过组织比赛不断地总结经验。我国从1982年到1987年连续6年组织全国散手比赛之后，才正式确定散打比赛的标准规则，并在1989年发布关于加强武术散手比赛管理的通知和武术散手竞赛规则，使武术散打运动变得更加规范，为推动武术散打运动高质量发展提供了制度保障。

进入20世纪90年代，散打运动发展得更加迅速。1990年，武术散打被确定为正式的全国锦标赛项目，各省市纷纷组建散打专业队，全国各地武术馆校如雨后春笋般涌现出来，国内掀起一次新的“武术热潮”，同时国家体委直属的六大体院增设散打专业。1993年，在第二届世界武术锦标赛上，散打被设为正式比赛项目，这是武术散打运动走向世界的标志。

1994年8月19日，由中国武术研究院和中国武术协会主办的“中华武术散手擂台争霸赛”在广州天河体育馆进行。这次比赛在赛制上打破了由国家拨款、一家独办的传统，采用了商业性赛事运作方式。这是散打比赛社会化、产业化、市场化的有益尝试。这些赛事接连举办了3年，其商业化运作经验为武术散打运动的发展指明了前行道路。

1998年，对于散打来说是有特殊意义的一年，先是其正式获准列入第十三届亚运会竞赛项目，接下来相关单位为教练员、运动员正式颁发段位证，使散打也进入段位制的行列，实现了散打教学体系的标准化，促进了散打的传播发展。

到了21世纪，武术散打进入深化发展阶段。2000年3月25日，中国武术散打功夫王争霸赛在北京隆重开幕。中国武术散打功夫王争霸赛借鉴国外搏击类项目的发展经验，首次在比赛中引入娱乐化元素，注重舞台音响灯光的设计，将搏击比赛的惊险刺激与视听欣赏巧妙地融为一体，极大地提升了比赛的观赏性和娱乐性。为了让中国武术散打功夫王争霸赛更加精彩刺激，组织者对散打比赛规则进行了大胆改革：去掉护具，缩小拳套，缩小赛场，延长比赛时间，控制缠抱时间，还放开了对膝法攻击的限制。

中国武术散打功夫王争霸赛是散打运动向职业化、产业化转轨的一次重大突破。此项赛事接连举办了4年，其成功之处在于：扩大了武术散打的社会认知面，培养了一批民众喜欢的散打高手，为散打的产业化运作积累了宝贵的经验。

2002年，全国武术散打锦标赛在大连举行，24支运动队参加了比赛，同时女子散打被设为第十届全运会的比赛项目。同年7月25日，第一届世界杯武术散打比赛在上海举行，来自全球的40多名优秀运动员参加角逐。武术散打不仅是全国锦标赛、全运会的正式比赛项目，也是亚洲运动会的比赛项目，还是世界性比赛，形成了完整的赛事体系。

2006年，第一届“江中杯”国际武术搏击争霸赛在重庆举行。

2010年，第一届世界武搏运动会武术散打比赛在北京开赛。

2017年10月28日，世界超级散打王争霸赛在北京隆重举办。

2020年1月8日，从瑞士洛桑举行的国际奥委会执委会会议上传来喜讯：武术散打成为达喀尔2026年青奥会新增正式比赛项目，武术散打将推动中国为全球奥林匹克事业作出新的贡献，为世界打开又一扇了解中国的窗口。同年10月20日，武术散打世界杯登陆澳大利亚，让澳大利亚的民众看到了武术散打运动的魅力，促进了中华武术文化在海外的传播，提升了中国武术散打运动的世界影响力。

随着我国对搏击运动的支持，我国举办的世界性散打比赛层出不穷，散打运动在世界上的关注度也有了明显提高。随着散打运动的不断发展及其规则的不断完善，散打技战术也在提高和发展，从而使散打运动更具魅力。

第二节　武术散打摔法概论

一、武术散打摔法的概念

武术散打是指双方按照相关规则，运用踢、打、摔等攻防技法，进行徒手格斗以制服对方的现代竞技体育项目。其中的摔法是武术散打格斗过程中，用于破坏对方的平衡，并迫使其摔倒在地的一种技法，是武术散打技术的重要组成部分。数据显示，近年来，在各项武术散打的得分技法中，摔法的得分比例要远高于拳脚攻击等其他攻击方法。在武术散打实战中，摔法技术的巧妙合理运用，不但能够有效遏制对手的攻击，还能够给对方制造心理压力，是战胜对方的重要手段。

摔法技术融合了中国式摔跤中的许多动作，如控制、别绊、推拉等，其动作主要有勾、别、涮、搂、推、拨、挑、绊、背、扛、掀等。相对于其他类型的摔跤，武术散打运动的摔法更强调“快”。由于武术散打规则规定摔法必须在几秒内完成，选手在做摔法动作时要坚决果断，准确连贯，一气呵成。由于武术散打摔法对摔的时机要求较高，选手对在什么时候主动实施摔法和被动实施摔法要有明确的分析和判断。

通常，摔法技术分为主动近身摔和接招摔两大类。主动近身摔包括夹颈打腿、抱腿搂腿、抱腿前顶、折腰搂腿、压颈搂腮等；接招摔包括接腿前切、接腿下压、接腿挂腿、接腿涮腿、接腿别腿、抱腰过背等，可以有效抑制对方的拳脚攻击且效果明显。

二、武术散打摔法技术要求

（一）速度快

实战中运用散打摔法技术，动作一定要快，要一气呵成，速战速决。选手要根据对方的重心选择合适的摔法技术进行快摔。为了确保摔法技术流畅、迅速地实施，首先，接腿要快速、准确，避免出现脱把的状况；其次，摔法动作的发力和改变路线要突然，使摔法动作快速、准确、有效；最后，要注意摔法动作完成的快速性和协调性。破坏对方的平衡、迫使其摔倒在地是运用武术散打摔法技术的主要目的，而要破坏对方的平衡，常常需要几个动作相互配合，例如，接腿勾踢摔就要求抄抱对方踢来的腿部的动作和勾踢对方支撑腿的动作相互配合，在这个过程中，只有快速做出所有的动作，且准确到位、连贯流畅，才能够摔倒对方。

（二）力量大

武术散打中的摔法属于体能主导类快速力量性动作，力量素质决定摔跤动作的效果。根据武术散打摔法技术的特点，最大力量和爆发力是武术散打运动员最重要的力量素质。在交手的过程中，相较于拳法技术和腿法技术，摔法技术对体力的消耗是非常大的，要想成功运用，并取得理想的效果，没有良好的力量素质做保障是很难实现的。双方选手在场上不仅需要有运用各种技术动作的动态力量，还需要有处于相持状态时坚持到最后或打破僵局的静态力量。在交手的过程中，当一方选手使用摔法技术时，对方选手通常会下意识地采取防摔措施，此时双方选手就会处于角力状态，而一旦处于角力状态，选手使用的就是静态力量，这时选手的体能消耗就会明显上升。综上所述，在武术散打交手的过程中，摔法技术的成功、有效运用必须依靠良好的力量素质。

（三）预兆小

所谓预兆，是指选手发起攻击时，提前暴露了动作意图。在势均力敌的格斗中，选手的动作幅度过大、速度缓慢或在做攻击动作时有习惯性的小动作，都属于预兆。在格斗中预兆明显，会使对手有所防备。而散打摔法应是在对手攻击动作发出时随即做出的快速反应的技术动作，其动作预兆越小，对手就越无法防备。

（四）方法巧

在摔法中运用巧劲，不仅可节省大量的体力， 而且能够大幅度地提高动作的运用成效。将实施摔法的时机、控制对方的重心、驾驭动作的力度以及采用机动灵活的战术等有机地结合起来，能够收到良好的效果。在实战中，双方靠近后往往会出现搂抱、拉拽、推挤、纠缠等斗劲较力的对抗，双方会相向角力、阻抗对方，谁也不能摔倒对方。这时，选手可以使用巧劲，牵引对方，使对方因发力过猛或发力不妥而摔倒。在借力摔的过程中，不管是左右拧转还是向前推挤，都要顺势而发，让对方加大发力，然后在脚步的辅助下将对方摔倒。

三、武术散打摔法技术特点

（一）借势施摔

当实施摔法时，一方抓住对方重心不稳或将要失去平衡的时机，稍微用力迫使对方倒地。例如，对方用拳法连续攻击我方面部，我方突然下潜弯腰，抱住对方双腿，将其扛于肩上，再投摔于地上。此招就是抓住了对方连续击拳而突然击空、重心势必前倾的不利时机，借势施摔，既省力效果又好。再如，对方用组合拳狂攻我方头部，我方在连续退守的情况下突然下潜，使用“扫腿”方法将对方扫倒。一般来说，对方攻击发力的瞬间如果击空，其身体就容易失去平衡，我方若能在此时顺其失衡的同侧方位稍微施加外力，效果绝佳。另外，在对方动作发力的同时，如果我方能顺其发力的方向施加外力，也会收到事半功倍的效果。

（二）掀拉底部

当实施摔法时，一方为破坏对方的支撑点，会采用掀、拽、摇、托等方法，迫使对方倒地。在格斗中，选手普遍会使用抱腿摔法，若能占据先手的优势便可一举取胜。若成功使用抱腿摔法，对方就会被摔个仰面朝天。抱腿摔法分为主动型和被动型两种。在主动实施抱腿摔法动作之前，选手应先使用一些可以使对方注意力分散或反应迟滞的攻击方式。如用前手拳攻击等方法吸引其注意力；接着忽然下潜沉身，以双臂抱住对方的前位腿（或双腿），并用肩部狠狠地抵住对方大腿，用力撞击，将其摔倒在地。被动实施抱腿摔法是当对方用腿法攻击时，我方抄抱其腿，将其摔倒。例如，对方以右脚从前方蹬踹我方腹部，我方双手抄抱其腿，迅速向左侧上步，并将对方右腿向左上方抬起，接着重心向右移动，同时将对方右腿从左上向右下画弧涮动，迫使其倒地。用抱腿摔法摔倒对方，会使对方产生挫败感。

（三）别绊根部

当实施摔法时，一方通过别绊对方支撑重心的根部，将对方摔倒。抢腿别腿、抱腿搂腿、折腿搂腿、抱腿勾踢、抱腿挂腿等摔法，正是运用了别根的要领，使摔法更加省力和巧妙。别绊摔效果明显，可以用很小的力量摔倒强壮的对手。在运用别绊摔法时，手部的拉拽或者推挤动作与腿部的别绊动作方向相反。为了实施别绊摔法，手部的动作是有讲究的，如果要向右侧拉拽对方，不是水平向上拉拽，而是向右斜下方拉拽，这样就非常省力。如果我方在向右斜下方拉拽之前，先将对手向前或者向后水平推拉，然后向斜下方拉拽，效果会更显著。绊腿的位置不要过高，要绊对方的脚踝。手部的拉拽动作与脚部的别绊动作要协调一致。

（四）挤靠施摔

当实施摔法时，必须以身体向前挤靠对方，效果才会更佳。另外，抱腰摔法也很常用，这种摔法的表现形式一般是抱缠住对方，然后进行扭摔或压摔。要想成功实施抱摔术，就要缩短和对方的距离。先用你的前手直拳攻击对方的面部，可令对方重心移到后腿上或者失去平衡。然后突然逼近对方，抱住其腰，用力搬动其背部，将头切在对手胸前，身体压上去，直接将其按倒在地；或者将头切在对方胸前，身体压上去，同时用你的右脚缠住其左腿，使其失去重心而倒于地面。

武术散打中的摔法，除个别（如接腿摇涮）远距离摔法外，绝大多数是主动靠近抱摔和接腿、接拳的摔法。每一个摔法都有其独到的技术，如抱腿勾踢摔主要是勾踢腿（别绊根部），握腿上托主要是掀拉底部，抱腿前顶主要是挤靠施摔等。如果把借势施摔、掀拉底部、别绊根部、挤靠施摔这四种技巧有机结合，就突出了武术散打摔法中“快”的特点。如果每一个动作准确到位，动作连贯流畅，就会取得更佳的效果。

第二章　武术散打拳法、腿法基本技术

第一节　基本拳法

拳法是武术散打中运用最多、杀伤力最强的技法，具有灵活多变、速度快的特点。在武术散打比赛中，运动员使用拳法的频率要比其他技法高得多。武术散打拳法主要分为直拳、摆拳、勾拳、转身鞭拳几种类型。这些拳法既可以用于主动进攻，也可以用于防守反击，还可以用于调动、迷惑对方，转移对方的注意力，为拳法、腿法的主动进攻创造有利的条件。

一、直拳

1. 左直拳

【动作过程】

从预备势开始，左脚脚掌蹬地，腰向右转，带动左拳向前直线冲出，力达拳面，动作完成后迅速恢复预备势。（图2-1、图2-2）

图2-1

图2-2

【动作要领】

出拳时，嘴微闭，左臂肩关节靠近脸部，右拳保持防守，目视前方。

2. 右直拳

【动作过程】

从预备势开始，右脚脚掌用力蹬地，向左转腰，扣膝、合胯；同时，右拳以拳面向前直线冲出，力达拳面，动作完成后迅速恢复预备势。（图2-3、图2-4）

图2-3

图2-4

【动作要领】

出拳时，不要有往下拉的动作预兆，左拳保持防守，目视前方。

二、摆拳

1. 左摆拳

【动作过程】

从预备势开始，左脚脚掌用力蹬地，腰向右转，带动左拳从外向前、向内弧线摆击，左臂微屈、抬平，拳心向下，力达拳面，动作完成后迅速恢复预备势。（图2-5、图2-6）

【动作要领】

臂的摆动弧度要适中，臂要抬平，动作完成后要直线收回，动作要完整协调。

图2-5

图2-6

2. 右摆拳

【动作过程】

从预备势开始，右脚脚掌用力蹬地，腰向左转，带动右拳从外向前、向内弧线摆击，右臂微屈、抬平，拳心向下，力达拳面，动作完成后迅速恢复预备势。（图2-7、图2-8）

【动作要领】

其动作要领同左摆拳。

图2-7

图2-8

三、勾拳

1. 左勾拳

【动作过程】

从预备势开始，上体微左转，重心下沉；左脚脚掌蹬地，腰由左向右微拧转发力，带动左拳由下向前上方勾击，左臂微屈，力达拳面，动作完成后迅速恢复预备势。（图2-9、图2-10）

图2-9

图2-10

【动作要领】

左臂运行的弧度不宜过大，要含胸收腹，右拳保持防守，目视前方。

2. 右勾拳

从预备势开始，上体微右转，重心下沉；右脚脚掌蹬地，腰由右向左微拧转发力，带动右拳由下向前上方勾击，右臂微屈，力达拳面，动作完成后迅速恢复预备势。（图2-11、图2-12）

【动作要领】

右臂运行的弧度不宜过大，要含胸收腹，左拳保持防守，目视前方。

图2-11

图2-12

四、转身鞭拳

1. 右转身鞭拳

【动作过程】

从预备势开始，右脚经左脚后插步，身体右后转180° ；右拳随转体向右侧弧线鞭击，拳眼向上，力达拳背；左手置于左侧防守，动作完成后迅速恢复预备势。（图2-13至图2-16）

【动作要领】

主动转头，以腰带臂，转体平稳，插步要快；拳背领先，屈伸明显，鞭甩脆快。

图2-13

图2-14

图2-15

图2-16

2. 左转身鞭拳

【动作过程】
其动作过程同右转身鞭拳，唯方向相反。（图略）
【动作要领】
其动作要领同右转身鞭拳。

第二节　基本腿法

腿法是武术散打中的主力性攻击技法之一，在比赛中使用率较高。腿比手长，且比手粗壮有力，攻击威力较大，攻击面也大，在比赛中可以发挥“一寸长、一寸强”的作用。拳谚“手是两扇门，全凭腿打人”就客观地说明了腿法的重要性。武术散打腿法主要分为蹬腿、踹腿、鞭腿、扫腿等几种类型。武术散打腿法技术虽然具有攻击力量大、攻击范围广的特点，但也存在灵活性差、单腿独立支撑平衡能力差，容易被对方摔倒等弱点。

一、蹬腿

1. 左蹬腿

【动作过程】

从预备势开始，右脚垫步前送，重心移至右腿并独立支撑；同时，左腿屈膝上抬，以脚跟领先，由屈至伸，直线向前蹬出，力达脚跟，脚尖回勾，髋关节微前送，动作完成后迅速恢复预备势。（图2-17至图2-19）

图2-17

图2-18

图2-19

【动作要领】

右脚垫步前送，挺腰发力，力达左脚脚跟，脚尖回勾，髋关节微前送，左臂置于体侧，右拳保持防守。

2. 右蹬腿

【动作过程】

从预备势开始，左脚垫步前送，重心移至左腿并独立支撑；同时，右腿屈膝上抬，以脚跟领先，由屈至伸，直线向前蹬出，力达脚跟，脚尖回勾，髋关节微前送，动作完成后迅速恢复预备势。（图2–20至图2–22）

图2–20

图2–21

图2–22

【动作要领】

左脚垫步前送，挺腰发力，力达右脚脚跟，脚尖回勾，髋关节微前送，右臂置于体侧，左拳保持防守。

3. 转身后蹬腿

【动作过程】

以右转身后蹬腿为例，重心移至左脚，左脚脚尖内扣，脚跟外转；同时，身体向右后转体180°，右腿随转体屈膝提起并向后上方直线蹬出，脚尖回勾，力达脚跟，目视右脚。（图2-23至图2-25）

图2-23

图2-24

图2-25

【动作要领】

以转头带动转体，支撑脚先以脚掌为轴，脚跟外展。蹬击时，右脚脚尖回勾，直线蹬击要连贯、协调。

二、踹腿

1. 左踹腿

【动作过程】

从预备势开始，右脚垫步，身体右转；左腿屈膝抬起，翻胯，使小腿与地面接近水平，膝微内扣，以脚掌领先，左腿由屈至伸，直线向左上方踹出，脚尖回勾；上体微侧倾，展髋挺膝，力达脚掌，动作完成后迅速恢复预备势。（图2-26至图2-28）

图2-26

图2-27

图2-28

【动作要领】

垫步、翻胯、向上踹击要一气呵成，左臂置于体侧，右拳保持防守。

2. 右踹腿

【动作过程】

从预备势开始，左脚垫步，身体左转；右腿屈膝抬起，翻胯，使小腿与地面接近水平，膝微内扣，以脚掌领先，右腿由屈至伸，直线向右上方踹出，脚尖回勾；上体微侧倾，展髋挺膝，力达脚掌，动作完成后迅速恢复预备势。（图2–29、图2–30）

图2–29

图2–30

【动作要领】

垫步、翻胯、向上踹击要一气呵成，右臂置于体侧，左拳保持防守。

三、鞭腿

1. 左鞭腿

【动作过程】

从预备势开始，右脚垫步，左腿屈膝内扣，小腿折叠，重心移至右腿；同时，上体微右转，带动左腿由外向前、向内弧形鞭甩横击，力达脚背，动作完成后迅速恢复预备势。（图2–31、图2–32）

【动作要领】

送髋、挺膝、绷脚尖，力达脚背，大腿带动小腿，鞭甩要快。

图2-31

图2-32

2. 右鞭腿

【动作过程】

从预备势开始，以左脚为轴，右腿屈膝内扣，身体左转，带动右腿由外向前、向内弧形鞭甩横击，力达脚背，动作完成后迅速恢复预备势（图2-33至图2-35）

【动作要领】

同左鞭腿。

图2-33

图2-34

图2–35

四、扫腿

【动作过程】

以右扫腿为例，从预备势开始，重心移至左腿并屈膝全蹲，以左脚前脚掌为轴向左拧转，同时身体向左转180°，继而双手、左腿外侧、臀部依次着地，右腿随转体由后向前直腿横扫半圈，力达脚背，目视右脚。（图2–36至图2–38）

图2–36

图2–37

图2–38

【动作要领】

以转头、转体带动扫腿，支撑脚先以脚掌为轴，逐渐过渡到以双手、腿部外侧、臀部依次着地转动，扫腿流畅、连贯。

第三章　武术散打摔法技术

第一节　接鞭腿摔

一、接左鞭腿摔

1. 接左鞭腿左腿别摔

从预备势开始，当对方以左鞭腿攻击我方上部时，我方右臂护头，左臂从下向上抄抱对方左腿小腿；同时，左脚向对方支撑腿后面插步，以身体右转和左腿别靠的合力将对方摔倒。（图3–1至图3–4）

图3–1

图3–2

图3-3

图3-4

2. 接左鞭腿扛腿摔

从预备势开始，当对方以左鞭腿攻击我方上部时，我方右臂护头，左臂从下向上抄抱对方左腿小腿；同时，左脚向右前方上步，身体右转并屈膝下蹲，以左肩顶扛对方左腿，以肩扛配合双手向下扳压对方小腿的合力将对方摔倒。（图3-5至图3-8）

图3-5

图3-6

图3-7

图3-8

3. 接左鞭腿上托摔

从预备势开始，当对方以左鞭腿攻击我方上部时，我方右臂护头，左臂从下向上抄抱对方左腿小腿；同时，双手用力向上托举，将对方摔倒。（图3-9至图3-12）

图3-9

图3-10

图3-11

图3-12

4. 接左鞭腿右手别摔

从预备势开始，当对方以左鞭腿攻击我方上部时，我方右臂护头，左臂从下向上抄抱对方左腿小腿；然后迅速换手，以右手向下别按住对方右腿膝关节附近，以胸部前顶和右手别按的合力将对方摔倒。（图3-13至图3-16）

图3-13

图3-14

图3-15

图3-16

5. 接左鞭腿旋摔

从预备势开始，当对方以左鞭腿攻击我方上部时，我方右臂护头，左臂从下向上抄抱对方左腿小腿；然后右脚迅速向后撤步，身体右转并将对方左腿向下旋转，使对方失去重心倒地。（图3-17至图3-20）

图3-17

图3-18

图3-19

图3-20

6. 接左鞭腿左脚勾踢摔

从预备势开始，当对方以左鞭腿攻击我方上部时，我方右臂护头，左臂从下向上抄抱对方左腿小腿，左脚迅速勾踢对方支撑腿脚踝，以双手前推和勾踢的合力将对方摔倒。（图3-21至图3-23）

图3- 21

图3-22

图3-23

7. 接左鞭腿左直拳右腿别摔

从预备势开始，当对方以左鞭腿攻击我方中部时，我方右臂从上向下搂抱对方左腿小腿；同时，以左直拳迅速反击对方头部，若对方躲过，我方迅速以右腿别绊对方支撑腿，将对方摔倒。（图3-24至图3-27）

图3-24

图3-25

图3-26

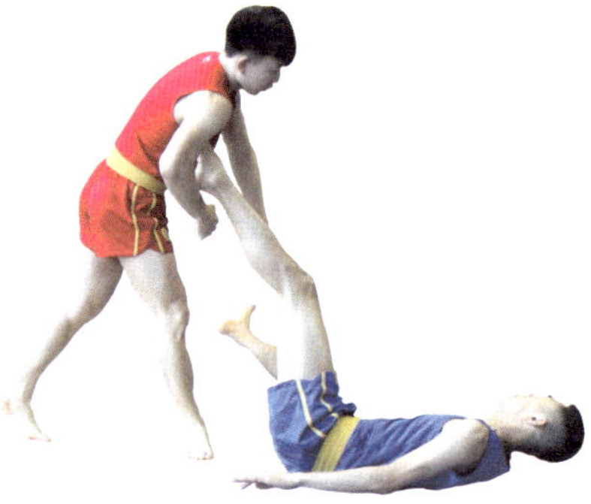

图3-27

8. 接左鞭腿换手右脚勾踢摔

从预备势开始，当对方以左鞭腿攻击我方上部时，我方右臂护头，左臂从下向上抄抱对方左腿小腿，然后换手；同时，右脚向前上步，勾踢对方支撑腿脚踝，将对方摔倒。（图3-28至图3-32）

图3-28

图3-29

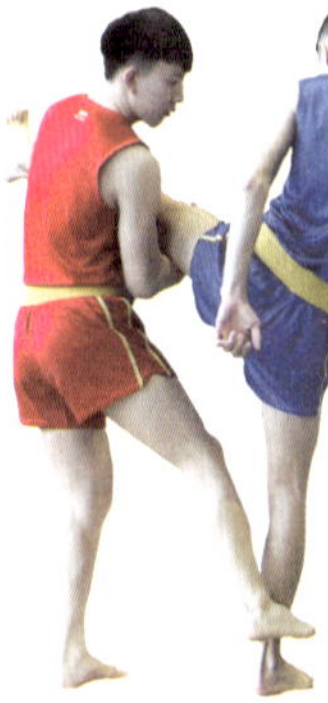

图3-30

图3-31

图3-32

9. 接左鞭腿左直拳左脚勾踢摔

从预备势开始，当对方以左鞭腿攻击我方中部时，我方右臂从上向下搂抱对方左腿小腿；同时，以左直拳迅速反击对方头部，若对方躲过，我方左脚迅速上步，勾踢对方支撑腿，左手向左后方搂脖下压，将对方摔倒。（图3–33至图3–37）

图3-33

图3-34

图3-35

图3-36

图3-37

10. 接左鞭腿左手别摔

从预备势开始，当对方以左鞭腿攻击我方上部时，我方右手抓住对方小腿，左臂从下向上抄抱对方左腿小腿；随后，左手向下插入对方支撑腿腘窝处别按对方支撑腿；同时，右脚向后撤步，身体右转，将对方摔倒。（图3-38至图3-42）

图3-38

图3-39

图3-40

图3-41

图3-42

11. 接左鞭腿拉腿涮腿摔

从预备势开始，当对方以左鞭腿攻击我方上部时，我方右臂护头，左臂从下向上抄抱对方左腿小腿，右脚迅速向后撤步；同时，双手向右后方提拉对方左腿，当感觉对方重心移动时，我方双手将对方左腿迅速向相反方向回拉，将对方摔倒。（图3-43至图3-48）

图3-43

图3-44

图3-45

图3-46

图3-47

图3-48

二、接右鞭腿摔

1. 接右鞭腿右腿别摔

从预备势开始，当对方以右鞭腿攻击我方上部时，我方左臂护头，右臂从下向上抄抱对方右腿小腿；同时，右脚迅速向对方支撑腿后面插步，以身体左转和右腿后别的合力将对方摔倒。（图3-49至图3-53）

图3-49

图3-50

图3-51

图3-52

图3-53

2. 接右鞭腿右直拳右脚勾踢摔

从预备势开始，当对方以右鞭腿攻击我方中部时，我方左臂从上向下搂抱对方右腿小腿；同时，以右直拳反击对方头部，若对方躲过，我方右手迅速按住对方肩颈部，右脚迅速勾踢对方支撑腿脚踝，身体迅速右转，将对方摔倒。（图3-54至图3-59）

图3-54

图3-55

图3-56

图3-57

图3-58

图3-59

3. 接右鞭腿右直拳左脚勾踢摔

从预备势开始，当对方以右鞭腿攻击我方中部时，我方左臂从上向下搂抱对方右腿小腿；同时，以右直拳反击对方头部，若对方躲过，我方右手用力向前推对方肩部，左脚迅速勾踢对方支撑腿脚踝，用上推和下踢的合力将对方摔倒。（图3-60至图3-65）

图3-60

图3-61

图3-62

图3-63

图3-64

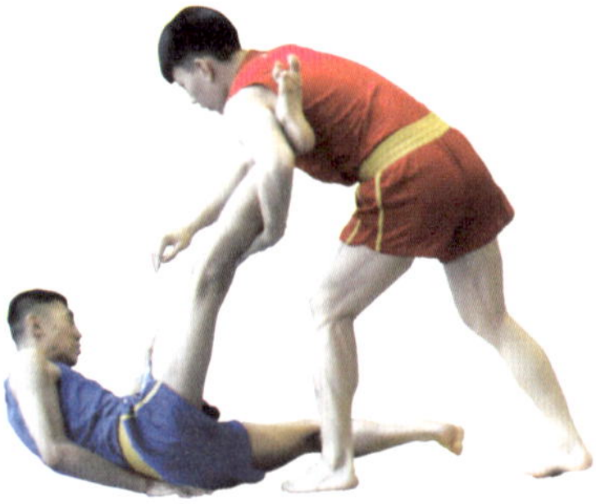

图3-65

4. 接右鞭腿右直拳右腿勾挂摔

从预备势开始，当对方以右鞭腿攻击我方中部时，我方左臂从上向下搂抱对方右腿小腿；同时，以右直拳反击对方头部，若对方躲过，我方右腿迅速向对方支撑腿后面插步并用力向后勾挂，右手用力向前推对方肩部，以勾挂和前推的合力将对方摔倒。（图3-66至图3-71）

图3-66

图3-67

图3-68

图3-69

图3-70

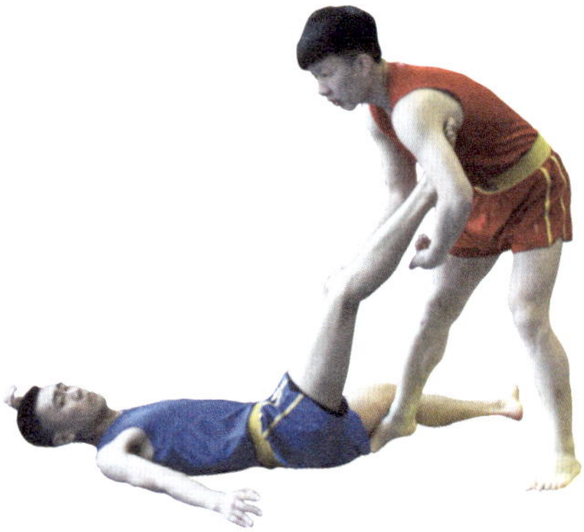

图3-71

5. 接右鞭腿右脚勾踢摔

从预备势开始，当对方以右鞭腿攻击我方上部时，我方左臂护头，右臂从下向上抄抱对方右腿小腿；同时，右脚迅速向对方支撑腿脚踝勾踢，双手向上提拉对方右腿，将对方摔倒。（图3-72至图3-75）

图3-72

图3-73

图3-74

图3-75

6. 接右鞭腿换手左脚勾踢摔

从预备势开始，当对方以右鞭腿攻击我方上部时，我方左臂护头，右臂从下向上抄抱对方右腿小腿，随后双手换位抱腿从上向下、向上画弧于右前方；同时，左脚上步勾踢对方支撑腿脚踝，将对方摔倒。（图3-76至图3-79）

图3-76

图3-77

图3-78

图3-79

7. 接右鞭腿扛腿摔

从预备势开始，当对方以右鞭腿攻击我方上部时，我方左臂护头，右臂从下向上抄抱对方右腿小腿；同时，右脚迅速向前上步，身体左转，双腿屈膝下蹲，双手将对方右腿扛在右肩上；同时起身前顶，将对方摔倒。（图3-80至图3-85）

图3–80

图3–81

图3–82

图3–83

图3–84

图3–85

8. 接右鞭腿右手别摔

从预备势开始，当对方以右鞭腿攻击我方上部时，我方左臂护头，右臂从下向上抄抱对方右腿小腿；随后，左手从上向下搂抱对方右腿小腿，右手向下别按对方支撑腿腘窝处；同时，身体左转，将对方摔倒。（图3-86至图3-89）

图3-86

图3-87

图3-88

图3-89

9. 接右鞭腿涮腿摔

从预备势开始，当对方以右鞭腿攻击我方上部时，我方左臂护头，右臂从下向上抄抱对方右腿小腿；同时，左脚后撤，双手抱腿从上向下、向右、向上迅速拉涮，将对方摔倒。（图3–90至图3–94）

图3–90

图3–91

图3–92

图3–93

图3-94

10. 接右鞭腿抱腰摔

从预备势开始，当对方以右鞭腿攻击我方中部时，我方左臂从上向下搂抱对方右腿中部，右脚迅速向前上步；同时，右手迅速拦腰抱起对方并用力向上旋转，将对方摔倒。（图3-95至图3-98）

图3-95

图3-96

图3–97

图3–98

第二节　接踹腿摔

一、接左踹腿摔

1. 接左踹腿涮腿摔

从预备势开始，当对方以左踹腿攻击我方上部时，我方右臂向前阻挡，左臂从下向上抄抱对方左脚脚踝；随后，右脚向后撤步，双手抱腿向右后方提拉，在对方重心移动的瞬间向左下方涮摆，将对方摔倒。（图3–99至图3–103）

图3–99

图3–100

图3-101

图3-102

图3-103

2. 接左踹腿右脚勾踢摔

从预备势开始，当对方以左踹腿攻击我方上部时，我方右臂向前阻挡，左臂从下向上抄抱对方左脚脚踝；随后，右脚向前上步，左手搂挂对方脚踝向左移动，右臂从下向上抄抱对方大腿；左手向下压，右臂上挑；同时，以右脚勾踢对方支撑腿脚踝，将对方摔倒。（图3-104至图3-109）

图3-104

图3-105

图3-106

图3-107

图3-108

图3-109

3. 接左踹腿扛腿摔

从预备势开始，当对方以左踹腿攻击我方上部时，我方右臂向前阻挡，左臂从下向上抄抱对方左脚脚踝；随后，右脚向对方支撑腿前上步；同时， 双腿屈膝下蹲，身体左转，以右肩顶扛对方腿部腘窝处，接着，双脚蹬地，突然向上顶扛对方腿部，将对方摔倒。（图3–110至图3–114）

图3–110

图3–111

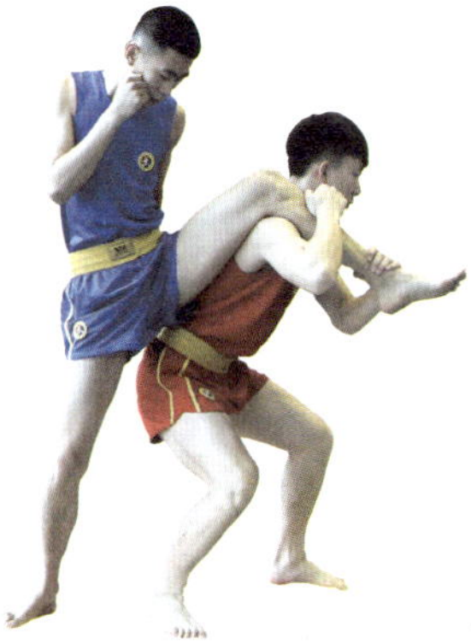

图3–112

图3–113

图3-114

4. 接左踹腿左腿别腿摔

从预备势开始，当对方以左踹腿攻击我方上部时，我方右臂向前阻挡，左臂从下向上抄抱对方左脚脚踝；随后，右手扣抓对方脚踝并向右侧提拉；同时，左腿向对方支撑腿后插步，左腿别绊配合身体微右转，将对方摔倒。（图3-115至图3-119）

图3-115

图3-116

图3-117

图3-118

图3-119

5. 接左踹腿上托摔

从预备势开始，当对方以左踹腿攻击我方上部时，我方右臂向前阻挡，左臂从下向上抄抱对方左脚脚踝；随后，右脚向前上步，双手抓住对方脚踝用力向上托举，将对方摔倒。（图3-120至图3-124）

图3-120

图3-121

图3-122

图3-123

图3-124

6. 接左蹿腿搂脖左脚勾踢摔

从预备势开始，当对方以左蹿腿攻击我方上部时，我方右臂向前阻挡，左臂从下向上抄抱对方左脚脚踝；随后，右脚向前上步，以左拳攻击对方头部，若对方躲过，我方随即以左手勾挂对方颈后，左脚勾踢对方支撑腿脚踝，配合身体左转将对方摔倒。（图3–125至图3–129）

图3–125

图3–126

图3–127

图3–128

图3-129

二、接右踹腿摔

1. 接右踹腿右脚勾踢摔

从预备势开始，当对方以右踹腿攻击我方上部时，我方右臂向前阻挡，左臂从下向上抄抱对方脚踝；随后，左手抱腿向左外拉带，右臂迅速抄抱对方右腿腘窝处用力上抬，左手向下用力按压对方右脚脚背，上下相对用力；同时，右脚迅速勾踢对方支撑腿脚踝，将对方摔倒。（图3-130至图3-134）

图3-130

图3-131

图3-132

图3-133

图3-134

2. 接右踹腿扛腿摔

从预备势开始，当对方以右踹腿攻击我方上部时，我方右臂向前阻挡，左臂从下向上抄抱对方右脚脚踝；随后，左脚向前上步并屈膝下蹲，身体右转，以左肩顶扛对方右腿腘窝处，双脚蹬地，用力向上顶扛，将对方摔倒。（图3-135至图3-140）

图3-135

图3-136

图3-137

图3-138

图3-139

图3-140

3. 接右踹腿左脚勾踢摔

从预备势开始，当对方以右踹腿攻击我方上部时，我方右臂向前阻挡，左臂从下向上抄抱对方右脚脚踝；随后，双脚向前上步，右手勾挂对方右脚脚踝向右上方提拉，左臂向下抄抱对方右腿膕窝处，并用力上抬，右手向下用力按压对方右脚脚背，上下相对用力；同时，左脚勾踢对方支撑腿脚踝，将对方摔倒。（图3-141至图3-146）

图3-141

图3-142

图3-143

图3-144

图3-145

图3-146

4. 接右踹腿上托摔

从预备势开始，当对方以右踹腿攻击我方上部时，我方右臂向前阻挡，左臂从下向上抄抱对方右脚脚踝；随后，双脚迅速向前上步，双手用力将对方的腿向上、向对方身后托举，将对方摔倒。（图3-147至图3-150）

图3-147

图3-148

图3-149

图3-150

第三节　接蹬腿摔

一、接左蹬腿摔

1. 接左蹬腿扛腿摔

从预备势开始，当对方以左蹬腿攻击我方上部时，我方右臂向前阻挡，左臂从下向上抄抱对方左脚脚踝；随后，右脚向前上步，身体左转并屈膝下蹲，把对方的腿扛在右肩上，随后用力向前、向下顶扛，将对方摔倒。（图3-151至图3-156）

图3-151

图3-152

图3-153

图3-154

图3-155

图3-156

2. 接左蹬腿上托摔

从预备势开始，当对方以左蹬腿攻击我方上部时，我方右臂向前阻挡，左臂顶住对方左脚脚踝；随后，以左臂和右手合力向上托举对方小腿，双脚向前上步，将对方摔倒。（图3–157至图3–161）

图3–157

图3–158

图3–159

图3–160

图3-161

3. 接左蹬腿右脚勾踢摔

从预备势开始，当对方以左蹬腿攻击我方上部时，我方右臂向前阻挡，左臂从下向上抄抱对方左脚脚踝；随后，右手抄抱对方左腿腘窝处，右脚向前上步，右臂向上猛抬对方左腿，左手向下按压对方左脚脚背；同时，右脚勾踢对方支撑腿脚踝，将对方摔倒。（图3-162至图3-166）

图3-162

图3-163

图3-164

图3-165

图3-166

4. 接左蹬腿涮腿摔

从预备势开始，当对方以左蹬腿攻击我方上部时，我方右臂阻挡，左臂从下向上抄抱对方左脚脚踝；同时，右脚后撤，双手抱腿从上向下、向左、向上迅速拉涮，将对方摔倒。（图3-167至图3-172）

图3-167

图3-168

图3-169

图3-170

图3-171

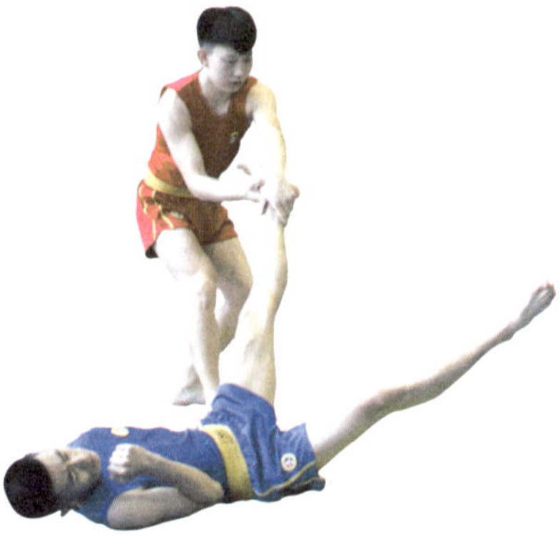

图3-172

5. 接左蹬腿左手别摔

从预备势开始，当对方以左蹬腿攻击我方上部时，我方右臂阻挡，左臂从下向上抄抱对方左脚脚踝；随后，右手扣抓对方左脚脚踝，左脚向前上步，左手向下插入对方支撑腿后面，别住对方支撑腿；同时，身体右转，左肩前顶，将对方摔倒。（图3-173至图3-177）

图3-173

图3-174

图3-175

图3-176

图3-177

6. 接左蹬腿左腿别摔

从预备势开始，当对方以左蹬腿攻击我方上部时，我方右臂向前阻挡，左臂从下向上抄抱对方左脚脚踝；随后，右手下滑，扣抓对方脚踝并向右侧提拉；同时，左腿向对方支撑腿后面插步，左腿别腿配合身体微右转，将对方摔倒。（图3-178至图3-182）

图3-178

图3-179

图3-180

图3-181

图3-182

7. 接左蹬腿左脚勾踢摔

从预备势开始，当对方以左蹬腿攻击我方上部时，我方右臂向前阻挡，左臂从下向上抄抱对方脚踝；随后，右手抠抓对方脚踝，向右上方拉带，以左手勾挂对方颈后；同时，左脚向前勾踢对方支撑腿脚踝，将对方摔倒。（图3-183至图3-186）

图3-183

图3-184

图3-185

图3-186

二、接右蹬腿摔

接右蹬腿摔与接左蹬腿摔动作、方法相同，唯方向相反。（图略）

第四节　下潜摔

1. 下潜抱双腿过肩摔

从预备势开始，当对方以右直拳攻击我方头部时，我方迅速下潜，双脚向前上步，贴近对方，双手抱住对方双腿，挺腰直身，将对方扛起，经我方左肩向后摔出。（图3-187至图3-191）

图3-187

图3-188

图3-189

图3-190

图3-191

2. 下潜抱单腿前顶摔

从预备势开始，当对方以左鞭腿攻击我方头部时，我方迅速躲闪，双脚向前上步并下潜贴近对方，双手抱住对方支撑腿脚踝，配合右肩向前顶撞对方支撑腿大腿根部，将对方摔倒。（图3-192至图3-196）

图3-192

图3-193

图3-194

图3-195

图3-196

3. 下潜抱双腿过肩摔

从预备势开始，当对方以右直拳攻击我方头部时，我方迅速向右侧闪躲，双脚向前上步并下潜贴近对方，双手抱住对方两腿，挺腰直身，将对方扛起，经我方左肩向后摔出。（图3-197至图3-202）

图3-197

图3-198

图3-199

图3-200

图3-201

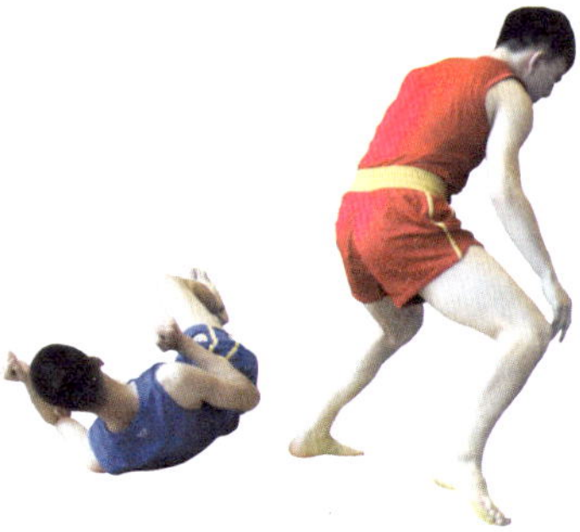

图3-202

4. 下潜抱双腿前顶摔

从预备势开始，当对方以右直拳攻击我方头部时，我方迅速向右侧闪躲，双脚向前上步并下潜贴近对方，双手扣住对方两脚脚踝或两腿腘窝处，以左肩用力向前顶扛对方腹部，将对方摔倒。（图3-203至图3-207）

图3-203

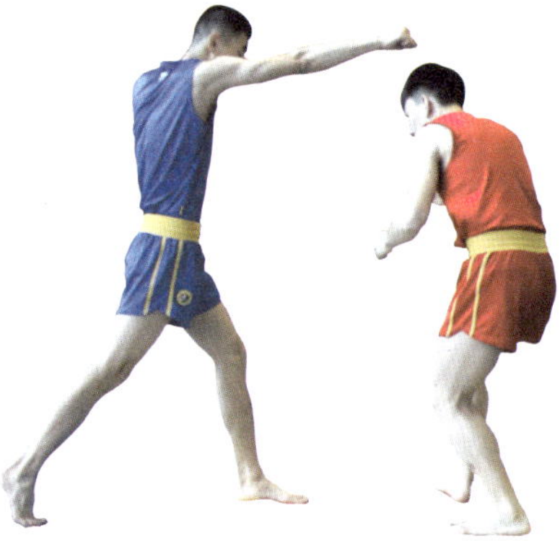

图3-204

图3-205

图3-206

图3-207

5. 下潜扛摔

从预备势开始，当对方以左蹬腿攻击我方头部时，我方迅速闪躲，双脚向前上步并下潜贴近对方，双手抱住对方支撑腿，迅速直腰将对方扛起，经我方右肩向后摔出。（图3-208至图3-211）

图3-208

图3-209

图3-210

图3-211

第五节　贴身摔

1. 上切搂腿摔

当对方贴近，欲搂抱我方时，我方左手向上切压对方颈部，在对方向前倾斜之时，我方右手迅速向下搂住对方左腿腘窝处；同时，左手向前推，右手向后搂，上下配合将对方摔倒。（图3-212至图3-216）

图3-212

图3-213

图3-214

图3-215

图3-216

2. 上切内缠腿摔

当对方贴近欲搂抱我方时，我方右脚迅速向对方左腿后面插步并缠住对方左腿，双手用力向前推甩对方，同时右腿向后勾拉对方左腿，上下配合将对方摔倒。（图3-217至图3-221）

图3-217

图3-218

图3-219

图3-220

图3-221

3. 上切外缠腿摔

当对方贴近欲搂抱我方时，我方右腿迅速向外勾缠对方左腿；同时，左手用力向前推按对方胸部，右手向右、向下拉拽对方左臂，右腿用力向后勾拉对方左腿，上下配合将对方摔倒。（图3-222至图3-225）

图3-222

图3-223

图3-224

图3-225

4. 抱腿肩靠摔

当对方以左摆拳攻击我方头部时，我方迅速沉身，以右手插入对方两腿之间，右手抱住对方右腿，右肩顶住对方大腿根部，用力向外顶靠，右手用力拉拽对方右腿，上下合力将对方摔倒。（图3-226至图3-229）

图3-226

图3-227

图3-228

图3-229

5. 抱腰旋转摔

当对方上步向我方靠近时，我方迅速向下抱住对方腰部，直腿挺身，将对方抱起，当对方双脚离地时，突然向右旋转，破坏对方重心，将对方摔倒。（图3-230至图3-233）

图3-230

图3-231

图3-232

图3-233

6. 夹腰过背摔

当双方近身缠抱时，我方趁对方不注意，以右臂缠抱对方腰部，右脚向前上步，将臀部填入对方小腹前；同时，向后顶臀，右手抱腰，向前下方拉甩，以前后合力将对方摔倒。（图3-234至图3-237）

图3-234

图3-235

图3-236

图3-237

7. 夹颈过背摔

当双方近身缠抱时，我方趁对方不注意，以右臂向下缠抱对方颈部，右脚向前上步，将臀部填入对方小腹前；同时，向后顶臀，右手抱住对方颈部向前下方拉拽，以前后合力将对方摔倒。（图3-238至图3-241）

图3-238

图3-239

图3-240

图3-241

后 记

在2022年“五一”来临之际，《武术散打摔法精粹》终于完稿了，多年来萦绕在我心头的一件事情总算有了结果，心里感到非常欣慰和愉悦。为什么要写这本书呢？自己从事图书编辑工作十几年了，编辑出版了很多散打方面的图书，并且这些图书的社会效益和经济收益俱佳。在编辑出版这些图书的过程中，我也结识了不少散打爱好者。有部分读者多次打电话询问我，有没有专门介绍散打摔法的著作。于是，我就和多位散打方面的专家和教练沟通，邀请他们写一本全面介绍散打摔法的技术书，以满足读者和散打爱好者的需求。可是，他们都觉得只写散打摔法技术，内容太少，撑不起一本书，所以，这个书稿迟迟没有组织成功。

2020年，受疫情影响，我居家办公，早晚也有些富裕时间，我想自己从事散打专业多年，曾经也取得过不错的比赛成绩，大学期间还跟随恩师董雅臣进行过专业的中国式摔跤训练，加之丰富的图书编辑经验，应该可以胜任这本书的写作，于是就决定自己抽空来写。经过两年多断断续续的写作，我终于在2022年5月把这本书编写出来了。在编写过程中，我舍弃了烦琐、华而不实的技法，结合中国式摔跤的一些快摔技法，力争使这本书所介绍的技法形象直观、高效速成、易学易用。读者只需通过反复练习，便可获得肌肉记忆，形成条件反射并能在实战中派上用场。

我花了两年多的空闲时间写这本书，从中受益匪浅。当然，如果没有很多人的帮助，这本书是不可能完成的。在此书出版之际，我衷心地感谢我的恩师——中国人民公安大学陆林教授，正是在他的启蒙和培养下，我才有了今天的些许成绩；感谢我的哥哥车玉松先生，正是他在我最困难的时候施以援手，倾囊相助，在学业上给予了我很大的支持和帮助；感谢我的大学恩师——首都体育学院附属竞技体校校长叶伟教授、首都体育学院运动科学与健康学院茹凯教授、被喻为“一代跤王”的董雅臣先生以及首都体育学院各项目、各学科的恩师们，他们的谆谆教导以及多年来潜移默化的影响，不仅提高了我的专业技术水平，而且使我系统地掌握了运动训练、康复保健、中医理论、心理、生理等专业知识，提高了我的学术水平。

感谢87岁高龄的老父亲孔祥绍；感谢岳父巨生岐、岳母罗会林和我至亲至爱的兄弟姐妹们；感谢贤惠温柔、任劳任怨的妻子巨亚占，无论我身处逆境还是顺境，她始终不离不弃地做我的坚强后盾，鼓励我努力拼搏，砥砺前行。

书中不足之处，还望读者多加指正。

孔令良

2022年5月1日